রূপসী বাংলা

জীবনানন্দ দাশ

সূচী

তোমরা যেখানে সাধ

তোমরা যেখানে সাধ চ'লে যাও-আমি এই বাংলার পারে
র'য়ে যাব; দেখিবে কাঁঠালপাতা ঝরিতেছে ভোরের বাতাসে;
দেখিবে খয়েরি ডানা শালিখের সন্ধ্যায় হিম হয়ে আসা
ধবল রোমের নিচে তাহার হলুদ ঠ্যাং ঘাসে অন্ধকারে
নেচে চলে-একবার-দুইবার-তারপর হঠাৎ তাহারে
বনের হিজল গাছ ডাক দিয়ে নিয়ে যায় হৃদয়ের পাশে;
দেখিবে মেয়েলি হাত সকরুণ-সাদা শাঁখা ধূসর বাতাসে
শঙ্খের মতো কাঁদে : সন্ধ্যায় দাঁড়াল সে পুকুরের ধারে,

খইরঙা হাঁসটিরে নিয়ে যাবে যেন কোন্ কাহিনীর দেশে-
'পরণ-কথা'র গন্ধ লেগে আছে যেন তার নরম শরীরে,
কলমীদামের থেকে জন্মেছে সে যেন এই পুকুরের নীড়ে-
নীরবে পা ধোয় জলে একবার- তারপর দূরে নিরুদ্দেশে
চ'লে যায় কুয়াশায়,- তবু জানি কোনোদিন পৃথিবীর ভিড়ে
হারাব না তারে আমি- সে যে আছে আমার এ বাংলার তীরে

বাংলার মুখ আমি

বাংলার মুখ আমি দেখিয়াছি, তাই আমি পৃথিবীর রূপ
খুঁজিতে যাই না আর : অন্ধকারে জেগে উঠে ডুমুরের গাছে
চেয়ে দেখি ছাতার মতন বড়ো পাতাটির নিচে ব'সে আছে
ভোরের দয়েলপাখি-চারিদিকে চেয়ে দেখি পল্লবের স্তূপ
জাম-বট-কাঁঠাল-হিজলের-অশত্থের ক'রে আছে চুপ;
ফণীমনসার ঝোঁপে শটিবনে তাহাদের ছায়া পড়িয়াছে!
মধুকর ডিঙ্গা থেকে না জানি সে কবে চাঁদ চম্পার কাছে
এমনই হিজল-বট-তমালের নীল ছায়া বাংলার অপরূপ রূপ

দেখেছিল : বেহুলাও একদিন গাঙুড়ের জলে ভেলা নিয়ে-
কৃষ্ণা দ্বাদশীর জ্যোৎস্না যখন মরিয়া গেছে নদীর চড়ায়-
সোনালি ধানের পাশে অসংখ্য অশ্বত্থ বট দেখেছিল, হায়,
শ্যামার নরম গান শুনেছিল-একদিন অমরায় গিয়ে
ছিন্ন খঞ্জনার মতো যখন সে নেচেছিল ইন্দ্রের সভায়
বাংলার নদী মাঠ ভাঁটফুল ঘুঙুরের মতো তার কেঁদেছিল পায়।

যতদিন বেঁচে আছি

যতদিন বেঁচে আছি আকাশ চলিয়া গেছে কোথায় আকাশে
অপরাজিতার মতো নীল হয়ে- আরো নীল- আরো নীল হয়ে
আমি যে দেখিতে চাই;- সে আকাশ পাখনায় নিঙড়ায়ে লয়ে
কোথায় ভোরের বক মাছরাঙা উড়ে যায় আশ্বিনের মাসে;
আমি যে দেখিতে চাই,-আমি যে বসিতে চাই বাংলার ঘাসে;
পৃথিবীর পথে ঘুরে বহুদিন অনেক বেদনা প্রাণে স'য়ে
ধানসিড়িটির পথে বাংলার শ্মশানের দিকে যাব ব'য়ে,
যেইখানে এলোচুলে রামপ্রসাদের সেই শ্যামা আজো আসে,

যেইখানে কল্কাপেড়ে শাড়ি প'রে কোন এক সুন্দরীর শব
চন্দন চিতায় চড়ে- আমের শাখায় শুক ভুলে যায় কথা;
যেইখানে সবচেয়ে বেশি রূপ- সবচেয়ে গাঢ় বিষণ্ণতা;
যেখানে শুকায় পদ্ম- বহু দিন বিশালাক্ষী যেখানে নীরব;
যেইখানে একদিন শঙ্খমালা চন্দ্রমালা মানিককুমার
কাঁকন বাজিত, আহা, কোনোদিন বাজিবে কি আর !

একদিন জলসিড়ি নদীটির

একদিন জলসিড়ি নদীটির পারে এই বাংলার মাঠে
বিশীর্ণ বটের নিচে শুয়ে রবো; পশমের মতো লাল ফল
ঝরিবে বিজন ঘাসে,- বাঁকা চাঁদ জেগে র'বে- নদীটির জল
বাঙালি মেয়ের মতো বিশালাক্ষী মন্দিরের ধূসর কপাটে
আঘাত করিয়া যাবে ভয়ে ভয়ে- তারপর যেই ভাঙা ঘাটে
রূপসীরা আজ আর আসে নাকো, পাট শুধু পচে অবিরল,
সেইখানে কলমীর দামে বেঁধে প্রেতিনীর মতন কেবল
কাঁদিবে সে সারা রাত,- দেখিবে কখন কারা এসে আমকাঠে

সাজায়ে রেখেছে চিতা; বাংলার শ্রাবণের বিস্মিত আকাশ
চেয়ে র'বে; ভিজে পেঁচা শান্ত স্নিগ্ধ চোখ মেলে কদমের বনে
শোনাবে লক্ষীর গল্প- ভাসানের গান নদী শোনাবে নির্জনে;
চারিদিকে বাংলার ধানী শাড়ি- শাদা শাঁখা- বাংলার ঘাস
আকন্দ বাসকলতা ঘেরা এক নীল মঠ-আপনার মনে
ভাঙিতেছে ধীরে ধীরে;- চারিদিকে এইসব আশ্চর্য উচ্ছ্বাস-

আকাশে সাতটি তারা

আকাশে সাতটি তারা যখন উঠেছে ফুটে আমি এই ঘাসে
বসে থাকি; কামরাঙা- লাল মেঘ যেন মৃত মনিয়ার মতো
গঙ্গাসাগরের ঢেউয়ে ডুবে গেছে- আসিয়াছে শান্ত অনুগত
বাংলার নীল সন্ধ্যা- কেশবতী কন্যা যেন এসেছে আকাশে :
আমার চোখের 'পরে আমার মুখের 'পরে চুল তার ভাসে;
পৃথিবীর কোনো পথ এ কন্যারে দেখেনিকো- দেখি নাই অত
অজস্র চুলের চুমা হিজলে কাঁঠালে জামে ঝরে অবিরত,
জানি নাই এত স্নিগ্ধ গন্ধ ঝরে রূপসীর চুলের বিন্যাসে

পৃথিবীর কোনো পথে : নরম ধানের গন্ধ- কলমীর ঘ্রাণ,
হাঁসের পালক, শর, পুকুরের জল, চাঁদা সরপুঁটিদের
মৃদু ঘ্রাণ, কিশোরীর চাল-ধোয়া ভিজে হাত- শীত হাতখান,
ব্যথিত গন্ধের ক্লান্ত নীরবতা- এরি মাঝে বাংলার প্রাণ :
আকাশে সাতটি তারা যখন উঠেছে ফুটে আমি পাই টের।

কোথাও দেখিনি

কোথাও দেখিনি, আহা, এমন বিজন ঘাস- প্রান্তরের পারে
নরম বিমর্ষ চোখে চেয়ে আছে- নীল বুকে আছে তাহাদের
গঙ্গাফড়িংয়ের নীড়, কাঁচপোকা, প্রজাপতি, শ্যামাপোকা ঢের,
হিজলের ক্লান্ত পাতা- বটের অজস্র ফল ঝরে বারেবারে
তাহাদের শ্যাম বুকে;- পাড়াগাঁর কিশোরেরা যখন কান্তারে
বেতের নরম ফল, নাটাফল খেতে আসে ধুন্দল বীজের
খোঁজ করে ঘাসে ঘাসে, - বক তাহা জানে নাকো, পায় নাকো টের
শালিখ খঞ্জনা তাহা;- লক্ষ লক্ষ ঘাস এই নদীর দু'ধারে

নরম কান্তারে এই পাড়াগাঁর বুকে শুয়ে সে কোন্ দিনের
কথা ভাবে; তখন এ জলসিড়ি শুকায়নি, মজেনি আকাশ,
বল্লাল সেনের ঘোড়া- ঘোড়ার কেশর ঘেরা ঘুঙুর জিনের
শব্দ হ'ত এই পথে- আরো আগে রাজপুত্র কত দিন রাশ
টেনে টেনে এই পথে- কি যেন খুঁজেছে, আহা, হয়েছে উদাস;
আজ আর খোঁজাখুঁজি নাই কিছু- নাটাফলে মিটিতেছে আশ-

হায় পাখি, একদিন

হায় পাখি, একদিন কালীদহে ছিলে না কি- দহের বাতাসে
আষাঢ়ের দু'- পহরে কলরব করনি কি এই বাংলায়!
আজ সারাদিন এই বাদলের কোলাহলে মেঘের ছায়ায়
চাঁদ সদাগর : তার মধুকর ডিঙাটির কথা মনে আসে,
কালীদহে কবে তারা পড়েছিল একদিন ঝড়ের আকাশে,-
সেদিনো অসংখ্য পাখি উড়েছিল না কি কালো বাতাসের গায়,
আজ সারাদিন এই বাদলের জলে ধলেশ্বরীর চড়ায়
গাংশালিখের ঝাঁক, মনে হয়, যেন সেই কালীদহে ভাসে :

এইসব পাখিগুলো কিছুতেই আজিকার নয় যেন- নয়-
এ নদীও ধলেশ্বরী নয় যেন- এ আকাশ নয় আজিকার :
ফনীমনসার বনে মনসা রয়েছে না কি?- আছে; মনে হয়,
এই নদী কি কালীদহ নয়? আহা, ঐ ঘাটে এলানো খোঁপার
সনকার মুখ আমি দেখি না কি ? বিষণ্ন মলিন ক্লান্ত কি যে
সত্য সব;- তোমার এ স্বপ্ন সত্য, মনসা বলিয়া গেল নিজে।

জীবন অথবা মৃত্যু

জীবন অথবা মৃত্যু চোখে র'বে- আর এই বাংলার ঘাস
র'বে বুকে; এই ঘাস : সীতারাম রাজারাম রামনাথ রায়-
ইহাদের ঘোড়া আজো অন্ধকারে এই ঘাস ভেঙে চ'লে যায়-
এই ঘাস : এরি নিচে কঙ্কাবতী শঙ্খমালা করিতেছে বাস:
তাদের দেহের গন্ধ, চাঁপাফুল-মাখা ম্লান চুলের বিন্যাস
ঘাস আজো ঢেকে আছে; যখন হেমন্ত আসে গৌড় বাংলায়
কার্তিকের অপরাহ্নে হিজলের পাতা শাদা উঠানের গায়
ঝ'রে পড়ে, পুকুরের ক্লান্ত জল ছেড়ে দিয়ে চ'লে যায় হাঁস,

আমি এ ঘাসের বুকে শুয়ে থাকি- শালিখ নিয়েছে নিঙড়ায়ে
নরম হলুদ পায়ে এই ঘাস; এ সবুজ ঘাসের ভিতরে
সোঁদা ধুলো শুয়ে আছে- কাঁচের মতন পাখা এ ঘাসের গায়ে
ভেরেন্ডাফুলের নীল ভোমরারা বুলাতেছে- শাদা স্তন ঝরে
করবীর : কোন এক কিশোরী এসে ছিঁড়ে নিয়ে চ'লে গেছে ফুল,
তাই দুধ ঝরিতেছে করবীর ঘাসে ঘাসে : নরম ব্যাকুল।

যেদিন সরিয়া যাব

যেদিন সরিয়া যাব তোমাদের কাছ থেকে- দূর কুয়াশায়
চ'লে যাব, সেদিন মরণ এসে অন্ধকারে আমার শরীর
ভিক্ষা ক'রে লয়ে যাবে;- সেদিন দু'দণ্ড এই বাংলার তীর-
এই নীল বাংলার তীরে শুয়ে একা একা কি ভাবিব, হায়;-
সেদিন র'বে না কোনো ক্ষোভ মনে- এই সোঁদা ঘাসের ধূলায়
জীবন যে কাটিয়াছে বাংলায়- চারিদিকে বাঙালির ভিড়
বহু দিন কীর্তন ভাসান গান রূপকথা যাত্রা পাঁচালীর
নরম নিবিড় ছন্দে যারা আজো শ্রাবণের জীবন গোঙায়,

আমারে দিয়েছে তৃপ্তি; কোনো দিন রূপহীন প্রবাসের পথে
বাংলার মুখ ভুলে খাঁচার ভিতরে নষ্ট শুকের মতন
কাটাইনি দিন মাস, বেহুলার লহনার মধুর জগতে
তাদের পায়ের ধুলো-মাখা পথে বিকায়ে দিয়েছি আমি মন
বাঙালি নারীর কাছে– চাল-ধোয়া স্নিগ্ধ হাত, ধান-মাখা চুল,
হাতে তার শাড়িটির কস্তা পাড়;-ডাঁশা আম কামরাঙা কুল।

পৃথিবী রয়েছে ব্যস্ত

পৃথিবী রয়েছে ব্যস্ত কোন্খানে সফলতা শক্তির ভিতর,
কোন্খানে আকাশের গায়ে রূঢ় মনুমেন্ট উঠিতেছে জেগে,
কোথায় মাস্তুল তুলে জাহাজের ভিড় সব লেগে আছে মেঘে,
জানি নাকো, আমি এই বাংলার পাড়াগাঁয়ে বাধিঁয়াছি ঘর:
সন্ধ্যায় যে দাঁড়কাক উড়ে যায় তালবনে- মুখে দুটো খড়
নিয়ে যায়-সকালে যে নিমপাখি উড়ে আসে কাতর আবেগে
নীল তেঁতুলের বনে- তেমনি করুণা এক বুকে আছে লেগে;
বঁইচির বনে আমি জোনাকির রূপ দেখে হয়েছি কাতর;

কদমের ডালে আমি শুনেছি যে লক্ষ্মীপেঁচা গেয়ে গেছে গান
নিশুতি জ্যোৎস্নার রাতে, -টুপ টুপ টুপ টুপ্ সারারাত ঝরে
শুনেছি শিশিরগুলো –ম্লান মুখে গড় এসে করেছে আহ্বান
ভাঙা সোঁদা ইটগুলো,– তারি বুকে নদী এসে কি কথা মর্মরে;
কেউ নাই কোনোদিকে- তবু যদি জ্যোৎস্নায় পেতে থাক কান
শুনিবে বাতাসে শব্দ : ‘ঘোড়া চড়ে কই যাও হে রায়রায়ান –’

ঘুমায়ে পড়িব আমি

ঘুমায়ে পড়িব আমি একদিন তোমাদের নক্ষত্রের রাতে
শিয়রে বৈশাখ মেঘ-শাদা-শাদা যেন কড়ি-শঙ্খের পাহাড়
নদীর ওপার থেকে চেয়ে রবে- কোনো এক শঙ্খবালিকার
ধূসর রূপের কথা মনে হবে-এই আম জামের ছায়াতে
কবে যেন তারে আমি দেখিয়াছি-কবে যেন রাখিয়াছে হাতে
তার হাত- কবে যেন তারপর শ্মশান্ত চিতায় তার হাড়
ঝরে গেছে, কবে যেন; এ জনমে নয় যেন-এই পাড়াগাঁর
পথে তবু তিন শো বছর আগে হয়তো বা- আমি তার সাথে

কাটায়েছি; পাঁচশো বছর আগে হয়তো বা — সাতশো বছর
কেটে গেছে তারপর তোমাদের আম জাম কাঁঠালের দেশে;
ধান কাটা হয়ে গেলে মাঠে-মাঠে কতোবার কুড়ালাম খড়;
বাঁধিলাম ঘর এই শ্যামা আর খঞ্জনার দেশ ভালোবেসে,
ভাসানের গান শুনে কত বার ঘর আর খড় গেল ভেসে
মাথুরের পালা বেঁধে কত বার ফাঁকা হল খর আর ঘর।

ঘুমায়ে পড়িব আমি একদিন

ঘুমায়ে পড়িব আমি একদিন তোমাদের নক্ষত্রের রাতে;
তখনো যৌবন প্রাণে লেগে আছে হয়তো বা — আমার তরুণ দিন
তখনো হয়নি শেষ- সেই ভালো — ঘুম আসে-বাংলার তৃণ
আমার বুকের নিচে চোখ বুজে-বাংলার আমের পাতাতে
কাঁচপোকা ঘুমায়েছে — আমিও ঘুমায়ে রবো তাহাদের সাথে,
ঘুমাব প্রাণের সাধে এই মাঠে — এই ঘাসে — কথাভাষাহীন
আমার প্রাণের গল্প ধীরে-ধীরে যাবে-অনেক নবীন
নতুন উৎসব রবে উজানের-জীবনের মধুর আঘাতে

তোমাদের ব্যস্ত মনে; — তবুও, কিশোর, তুমি নখের আঁচড়ে
যখন এ ঘাস ছিঁড়ে চলে যাবে — যখন মানিকমালা ভোরে
লাল-লাল বটফল কামরাঙা কুড়াতে আসিবে এই পথে–
যখন হলুদ বোঁটা শেফালি কোনো এক নরম শরতে
ঝরিবে ঘাসের পরে, — শালিখ খঞ্জনা আজ কতদূর ওড়ে–
কতখানি রোদ-মেঘ — টের পাবে শুয়ে শুয়ে মরণের ঘোরে।

যখন মৃত্যুর ঘুমে

যখন মৃত্যুর ঘুমে শুয়ে রবো — অন্ধকারে নক্ষত্রের নিচে
কাঁঠাল গাছের তলে হয়তো বা ধলেশ্বরী চিলাইয়ের পাশে –
দিনমানে কোনো মুখ হয়তো সে শ্মশানের কাছে নাহি আসে –
তবুও কাঁঠাল জাম বাংলার- তাহাদের ছায়া যে পড়িছে
আমার বুকের 'পরে — আমার মুখের 'পরে নীরবে ঝরিছে
খয়েরী অশথপাতা — বইচি, শেয়ালকাঁটা আমার এ দেহ ভালোবাসে,
নিবিড় হয়েছে তাই আমার চিতার ছাইয়ে — বাংলার ঘাসে
গভীর ঘাসের গুচ্ছে রয়েছি ঘুমায়ে আমি, — নক্ষত্র নড়িছে

আকাশের থেকে দূর-আরো দূর-আরো দূর-নির্জন আকাশে
বাংলার-তারপর অকারণ ঘুমে আমি পড়ে যাই ঢুলে।
আবার যখন জাগি, আমার শ্মশানচিতা বাংলার ঘাসে
ভরে আছে, চেয়ে দেখি,-বাসকের গন্ধ পাই-আনারস ফুলে
ভোমরা উড়িছে,শুনি-গুবরে পোকার ক্ষীণ গুমরানি ভাসিছে বাতাসে
রোদের দুপুর ভ'রে-শুনি আমি; ইহারা আমারে ভালোবাসে-

আবার আসিব ফিরে

আবার আসিব ফিরে ধানসিড়িটির তীরে — এই বাংলায়
হয়তো মানুষ নয় — হয়তো বা শঙ্খচিল শালিখের বেশে;
হয়তো ভোরের কাক হয়ে এই কার্তিকের নবান্নের দেশে
কুয়াশার বুকে ভেসে একদিন আসিব এ কাঁঠালছায়ায়;
হয়তো বা হাঁস হব — কিশোরীর — ঘুঙুর রহিবে লাল পায়,
সারা দিন কেটে যাবে কলমীর গন্ধ ভরা জলে ভেসে-ভেসে;
আবার আসিব আমি বাংলার নদী মাঠ ক্ষেত ভালোবেসে
জলাঙ্গীর ঢেউয়ে ভেজা বাংলার এ সবুজ করুণ ডাঙায়;

হয়তো দেখিবে চেয়ে সুদর্শন উড়িতেছে সন্ধ্যার বাতাসে;
হয়তো শুনিবে এক লক্ষ্মীপেঁচা ডাকিতেছে শিমুলের ডালে;
হয়তো খইয়ের ধান ছড়াতেছে শিশু এক উঠানের ঘাসে;
রূপসার ঘোলা জলে হয়তো কিশোর এক শাদা ছেঁড়া পালে
ডিঙা বায় — রাঙা মেঘ সাঁতরায়ে অন্ধকারে আসিতেছে নীড়ে
দেখিবে ধবল বক: আমারেই পাবে তুমি ইহাদের ভিড়ে –

যদি আমি ঝ'রে যাই

যদি আমি ঝ'রে যাই একদিন কার্তিকের নীল কুয়াশায়
যখন ঝরিছে ধান বাংলার ক্ষেতে-ক্ষেতে ম্লান চোখ বুজে,
যখন চড়াই পাখি কাঁঠালীচাঁপার নীড়ে ঠোঁট আছে গুঁজে,
যখন হলুদ পাতা মিশিতেছে উঠানের খয়েরি পাতায়,
যখন পুকুরে হাঁস সোঁদা জলে শিশিরের গন্ধ শুধু পায়,
শামুক গুগলিগুলো প'ড়ে আছে শ্যাওলার মলিন সবুজে-
তখন আমারে যদি পাও নাকো লালশাক-ছাওয়া মাঠে খুঁজে,
ঠেস্ দিয়ে ব'সে আর থাকি নাকো যদি বুনো চালতার গায়ে,

তা 'লে জানিও তুমি আসিয়াছে অন্ধকার মৃত্যুর আহ্বান-
যার ডাক শুনে রাঙা রৌদ্রেরো চিল আর শালিখের ভিড়
একদিন ছেড়ে যাবে আম জাম বনে নীল বাংলার তীর,
যার ডাক শুনে আজ ক্ষেতে-ক্ষেতে ঝরিতেছে খই আর মৌরির ধান;-
কবে যে আসিবে মৃত্যু : বাসমতী চালে-ভেজা শাদা হাতখান-
রাখো বুকে, হে কিশোরী, গোরোচনারূপে আমি করিব যে স্নান-

মনে হয় একদিন

মনে হয় একদিন আকাশের শুকতারা দেখিব না আর;
দেখিব না হেলেঞ্চার ঝোপ থেকে এক ঝাড় জোনাকি কখন
নিভে যায়; দেখিব না আর আমি পরিচিত এই বাঁশবন,
শুকনো বাঁশের পাতা-ছাওয়া মাটি হয়ে যাবে গভীর আঁধার
আমার চোখের কাছে; লক্ষ্মীপূর্ণিমার রাতে সে কবে আবার
পেঁচা ডাকে জ্যোৎস্নায়; হিজলের বাঁকা ডাল করে গুঞ্জরণ;
সারা রাত কিশোরীর লাল পাড় চাঁদে ভাসে-হাতের কাঁকন
বেজে ওঠে : বুঝিব না-গঙ্গাজল, নারকোলনাড়ুগুলো তার

জানি না সে কারে দেবে- জানি না সে চিনি আর শাদা তালশাঁস
হাতে লয়ে পলাশের দিকে চেয়ে দুয়ারে দাঁড়ায়ে র'বে কি না...
আবার কাহার সাথে ভালোবাসা হবে তার-আমি তা জানি না-
মৃত্যুরে কে মনে রাখে?-কীর্তিনাশা খুঁড়ে খুঁড়ে চলে বারো মাস
নতুন ডাঙার দিকে-পিছনের অবিরল মৃত চর বিনা
দিন তার কেটে যায়- শুকতারা নিভে গেলে কাঁদে কি আকাশ?

যে শালিখ মরে যায়

যে শালিখ মরে যায় কুয়াশায়— সে তো আর ফিরে নাহি আসে :
কাঞ্চনমালা যে কবে ঝরে গেছে;— বনে আজো কলমীর ফুল
ফুটে যায়— সে তবু ফেরে না, হায়;-বিশালাক্ষ্মী : সেও তো রাতুল
চরণ মুছিয়া নিয়া চলে গেছে;— মাঝপথে জলের উচ্ছ্বাসে
বাধা পেয়ে নদীরা মজিয়া গেছে দিকে দিকে— শ্মশানের পাশে
আর তারা আসে নাকো; সুন্দরীর বনে বাঘ ভিজে জুল-জুল
চোখ তুলে চেয়ে থাকে-কতো পাটরানীদের গাঢ় এলোচুল
এই গৌড় বাংলায়— প'ড়ে আছে তাহার পায়ের তলে ঘাসে

জানে সে কি! দেখে নাকি তারাবনে প'ড়ে আছে বিচূর্ণ দেউল,
বিশুষ্ক পদ্মের দীঘি-ফোঁপড়া মহলা ঘাট, হাজার মহাল
মৃত সব রূপসীরা; বুকে আজ ভেরেন্ডার ফুলে ভীমরুল
গান গায়— পাশ দিয়ে খল্ খল্ খল্ খল্ বয়ে যায় খাল,
তবু ঘুম ভাঙে নাকো-একবার ঘুমালে কে উঠে আসে আর
যদিও ডুকারি যায় শঙ্খচিল-মর্মরিয়া মরে গো মাদার।

কোথাও চলিয়া যাব

কোথাও চলিয়া যাব একদিন;— তারপর রাত্রির আকাশ
অসংখ্য নক্ষত্র নিয়ে ঘুরে যাবে কতকাল জানিব না আমি;
জানিব না কতকাল উঠানে ঝরিবে এই হলুদ বাদামী
পাতাগুলো— মাদারের ডুমুরের— সোঁদা গন্ধ-বাংলার শ্বাস
বুকে নিয়ে তাহাদের;— জানিব না পরথুপী মধুকূপী ঘাস
কত কাল প্রান্তরে ছড়ায়ে র'বে— কাঁঠাল-শাখার থেকে নামি
পাখনা ডলিবে পেঁচা এই ঘাসে— বাংলার সবুজ বালামী
ধানী শাল পশমিনা বুকে তার— শরতের রোদের বিলাস

কতো কাল নিঙড়াবে;— আচলে নাটার কথা ভুলে গিয়ে বুঝি
কিশোরের মুখে চেয়ে কিশোরী করিবে তার মৃদু মাথা নিচু;
আসন্ন সন্ধ্যার কাক— করুণ কাকের দল খোড়ো নীড় খুঁজি
উড়ে যাবে;— দুপুরে ঘাসের বুকে সিঁদুরের মতো রাঙা লিচু
মুখে গুঁজে পড়ে র'বে-আমিও ঘাসের বুকে রবো মুখ গুঁজি;
মৃদু কাঁকনের শব্দ— গোরোচনা জিনি রং চিনিব না কিছু-

তোমার বুকের থেকে

তোমার বুকের থেকে একদিন চ'লে যাবে তোমার সন্তান
বাংলার বুক ছেড়ে চ'লে যাবে; যে ইঙ্গিতে নক্ষত্রও ঝরে,
আকাশের নীলাভ নরম বুক ছেড়ে দিয়ে হিমের ভিতরে
ডুবে যায়,— কুয়াশায় ঝ'রে পড়ে দিকে দিকে রপশালী ধান
একদিন;— হয়তো বা নিমপেঁচা অন্ধকারে গা'বে তার গান,
আমারে কুড়ায়ে নেবে মেঠো ইঁদুরের মতো মরণের ঘরে –
হৃদয়ে ক্ষুদের গন্ধ লেগে আছে আকাঙক্ষার তবুও তো চোখের উপরে
নীল, মৃত্যু উজাগর— বাঁকা চাঁদ, শূন্য মাঠ, শিশিরের ঘ্রাণ -

কখন মরণ আসে কে বা জানে – কালীদহে কখন যে ঝড়
কমলের নাল ভাঙে— ছিঁড়ে ফেলে গাংচিল শালিকের প্রাণ
জানি নাকো;- তবু যেন মরি আমি এই মাঠ-ঘাটের ভিতর,
কৃষ্ণা যমুনায় নয়— যেন এই গাঙুড়ের ঢেউয়ের আঘ্রাণ
লেগে থাকে চোখে মুখে— রুপসী বাংলা যেন বুকের উপর
জেগে থাকে; তারি নিচে শুয়ে থাকি যেন আমি অর্ধনারীশ্বর।

গোলপাতা ছাউনির

গোলপাতা ছাউনির বুক চুমে নীল ধোঁয়া সকালে সন্ধ্যায়
উড়ে যায়—মিশে যায় আমবনে কার্তিকের কুয়াশার সাথে;
পুকুরের লাল সর ক্ষীণ ঢেউয়ে বার—বার চায় যে জড়াতে
করবীর কচি ডাল; চুমো খেতে চায় মাছরাঙাটির পায়;
এক-একটি ইট ধ্বসে—ডুবজলে ডুব দিয়ে কোথায় হারায়
ভাঙা ঘাটলায় এই—আজ আর কেউ এসে চাল—ধোয়া হাতে
বিনুনি খসায় নাকো—শুকনো পাতা সারা দিন থাকে যে গড়াতে;
কড়ি খেলিবার ঘর মজে গিয়ে গোখুরার ফাটলে হারায়;

ডাইনীর মতো হাত তুলে-তুলে ভাঁট আঁসশ্যাওড়ার বন
বাতাসে কি কথা কয় বুঝি নাকো, —বুঝি নাকো চিল কেন কাঁদে
পৃথিবীর কোনো পথে দেখি নই আমি, হায়, এমন বিজন
শাদা পথ—সোঁদা পথ—বাঁশের ঘোমটা মুখে বিধবার ছাঁদে
চ'লে গেছে শ্মশানের পারে বুঝি;-সন্ধ্যা আসে সহসা কখন;
সজিনার ডালে পেঁচা কাঁদে নিম—নিম—নিম কার্তিকের চাঁদে।

অশ্বত্থে সন্ধ্যার হাওয়া

অশ্বত্থে সন্ধ্যার হাওয়া যখন লেগেছে নীল বাংলার বনে
মাঠে মাঠে ফিরি একা : মনে হয় বাংলার জীবনে সঙ্কট
শেষ হয়ে গেছে আজ; — চেয়ে দেখ কতো শত শতাব্দীর বট
হাজার সবুজ পাতা লাল ফল বুকে লয়ে শাখার ব্যজনে
আকাঙক্ষার গান গায় — অশ্বত্থেরও কি যেন কামনা জাগে মনে :
সতীর শীতল শব বহু দিন কোলে লয়ে যেন অকপট
উমার প্রেমের গল্প পেয়েছে সে, চন্দ্রশেখরের মতো তার জট
উজ্জ্বল হতেছে তাই সপ্তমীর চাঁদে আজ পুনরাগমনে;

মধুকূপী ঘাস-ছাওয়া ধলেশ্বরীটির পাড়ে গৌরী বাংলার
এবার বল্লাল সেন আসিবে না জানি আমি — রায়গুণাকর
আসিবে না — দেশবন্ধু আসিয়াছে খরধার পদ্মায় এবার,
কালীদহে ক্লান্ত গাংশালিখের ভিড়ে যেন আসিয়াছে ঝড়,
আসিয়াছে চণ্ডীদাস — রামপ্রসাদের শ্যামা সাথে সাথে তার;
শঙ্খমালা, চন্দ্রমালা : মৃত শত কিশোরীর কঙ্কণের স্বর।

(দেশবন্ধু : ১৩২৬-১৩৩২ এর স্মরণে)

ভিজে হয়ে আসে মেঘে

ভিজে হয়ে আসে মেঘে এ-দুপুর — চিল একা নদীটির পাশে
জারুল গাছের ডালে বসে বসে চেয়ে থাকে ওপারের দিকে;
পায়রা গিয়েছে উড়ে তবু চরে, খোপে তার; — শসালতাটিকে,
ছেড়ে গেছে মৌমাছি; — কালো মেঘে জমিয়াছে মাঘের আকাশে,
মরা প্রজাতিটির পাখার নরম রেণু ফেলে দিয়ে ঘাসে
পিঁপড়েরা চলে যায়; — দুই দণ্ড আম গাছে শালিখে — শালিখে
ঝুঁটোপুটি, কোলাহল — বউকথাকও আর রাঙা বউটিকে
ডাকে নাকো-হলুদ পাখনা তার কোন যেন কাঁঠালে পলাশে

হারায়েছে; বউ উঠানে নাই — প'ড়ে আছে একখানা ঢেঁকি;
ধান কে কুটবে বলো-কত দিন সে তো আর কোটে নাকো ধান,
রোদেও শুকাতে সে যে আসে নাকো চুল তার — করে নাকো স্নান
এ-পুকুরে — ভাঁড়ারে ধানের বীজ কলায়ে গিয়েছে তার দেখি,
তবুও সে আসে নাকো : আজ এ দুপুরে এসে খই ভাজিবে কি?
হে চিল, সোনালি চিল, রাঙা রাজকন্যা আর পাবে না কি প্রাণ?

খুঁজে তারে মরো মিছে

খুঁজে তারে মরো মিছে — পাড়াগাঁর পথে তারে পাবে নাকো আর;
রয়েছে অনেক কাক এ উঠানে — তবু সেই ক্লান্ত দাঁড়কাক
নাই আর; — অনেক বছর আগে আমে জামে হৃষ্ট এক ঝাঁক
দাঁড়কাক দেখা যেত দিন রাত, — সে আমার ছেলেবেলাকার
কবেকার কথা সব; আসিবে না পৃথিবীতে সেদিন আবার:
রাত না ফুরাতে সে যে কদমের ডাল থেকে দিয়ে যেত ডাক, —
এখনো কাকের শব্দে অন্ধকার ভোরে আমি বিমনা, অবাক
তার কথা ভাবি শুধু; এত দিনে কোথায় সে? কি যে হলো তার

কোথায় সে নিয়ে গেছে সঙ্গে করে সেই নদী, ক্ষেত, মাঠ, ঘাস,
সেই দিন, সেই রাত্রি, সেই সব ম্লান চুল, ভিজে শাদা হাত
সেইসব নোনা গাছ, করমচা, শামুক, গুগলি, কচি তালশাঁস
সেইসব ভিজে ধুলো, বেলকুঁড়ি-ছাওয়া পথ, ধোঁয়া ওঠা ভাত,
কোথায় গিয়েছে সব? — অসংখ্য কাকের শব্দে ভরিছে আকাশ
ভোর রাতে — নবান্নের ভোরে আজ বুকে যেন কিসের আঘাত!

পাড়াগাঁর দু'-পহর

পাড়াগাঁর দু'-পহর ভালোবাসি — রৌদ্রে যেন গন্ধ লেগে আছে
স্বপনের; — কোন গল্প, কি কাহিনী, কি স্বপ্ন যে বাঁধিয়াছে ঘর
আমার হৃদয়ে, আহা, কেউ তাহা জানে নাকো — কেবল প্রান্তর
জানে তাহা, আর ওই প্রান্তরের শঙ্খচিল; তাহাদের কাছে
যেন এ-জনমে নয় — যেন ঢের যুগ ধরে কথা শিখিয়াছে
এ হৃদয় — স্বপ্নে যে বেদনা আছে : শুষ্ক পাতা — শালিখের স্বর,
ভাঙা মঠ — নক্সাপেড়ে শাড়িখানা মেয়েটির রৌদ্রের ভিতর
হলুদ পাতার মতো স'রে যায়, জলসিড়িটির পাশে ঘাসে

শাখাগুলো নুয়ে আছে বহু দিন ছন্দহীন বুনো চালতার :
জলে তার মুখখানা দেখা যায় — ডিঙিও ভাসিছে কার জলে,
মালিক কোথাও নাই, কোনোদিন এই দিকে আসিবেনা আর,
ঝাঁঝরা ফোঁপরা, আহা ডিঙিটিরে বেঁধে রেখে গিয়েছে হিজলে;
পাড়াগাঁর দু-পহর ভালোবাসি — রৌদ্রে যেন ভিজে বেদনার
গন্ধ লেগে আছে, আহা, কেঁদে কেঁদে ভাসিতেছে আকাশের তলে।

কখন সোনার রোদ

কখন সোনার রোদ নিভে গেছে — অবিরল শুপুরির সারি
আঁধারে যেতেছে ডুবে — প্রান্তরের পার থেকে গরম বাতাস
ক্ষুধিত চিলের মতো চৈত্রের এ-অন্ধকার ফেলিতেছে শ্বাস;
কোন চৈত্রে চলে গেছে সেই মেয়ে — আসিবে না, ক'রে গেছে আড়ি :
ক্ষীরুই গাছের পাশে একাকী দাঁড়িয়ে আজ বলিতে কি পারি
কোথাও সে নাই এই পৃথিবীতে — তাহার শরীর থেকে শ্বাস
ঝরে গেছে বলে তারে ভুলে গেছে নক্ষত্রের অসীম আকাশ,
কোথাও সে নাই আর — পাব নাকো তারে কোনো পৃথিবী নিঙাড়ি?

এই মাঠে — এই ঘাসে ফল্‌সা এ-ক্ষীরুয়ে যে গন্ধ লেগে আছে
আজও তার; যখন তুলিতে যাই ঢেঁকিশাক — দুপুরের রোদে
সর্ষের ক্ষেতের দিকে চেয়ে থাকি — অঘ্রাণে যে ধান ঝরিয়াছে
তাহার দু-এক গুচ্ছ তুলে নিই, চেয়ে দেখি নির্জন আমোদে
পৃথিবীর রাঙা রোদে চড়িতেছে আকাঙ্ক্ষায় চিনিচাঁপা গাছে —
জানি সে আমার কাছে আছে আজো — আজো সে আমার কাছে কাছে।

এই পৃথিবীতে এক

এই পৃথিবীতে এক স্থান আছে – সবচেয়ে সুন্দর করুণ :
সেখানে সবুজ ডাঙা ভ'রে আছে মধুকূপী ঘাসে অবিরল;
সেখানে গাছের নাম : কাঁঠাল, অশ্বত্থ, বট, জারুল, হিজল;
সেখানে ভোরের মেঘে নাটার রঙের মতো জাগিছে অরুণ;
সেখানে বারুণী থাকে গঙ্গাসাগরের বুকে, - সেখানে বরুণ
কর্ণফুলী ধলেশ্বরী পদ্মা জলাঙ্গীরে দেয় অবিরল জল;
সেইখানে শঙ্খচিল পানের বনের মতো হাওয়ায় চঞ্চল,
সেইখানে লক্ষীপেঁচা ধানের গন্ধের মতো অস্ফুট, তরুণ;

সেখানে লেবুর শাখা নুয়ে থাকে অন্ধকারে ঘাসের উপর;
সুদর্শন উড়ে যায় ঘরে তার অন্ধকার সন্ধ্যার বাতাসে;
সেখানে হলুদ শাড়ি লেগে থাকে রূপসীর শরীরের 'পর –
শঙ্খমালা নাম তার : এ- বিশাল পৃথিবীর কোনো নদী ঘাসে
তারে আর খুঁজে তুমি পাবে নাকো বিশালাক্ষী দিয়েছিল বর,
তাই সে জন্মেছে নীল বাংলার ঘাস আর ধানের ভিতর।

কত ভোরে- দু'-পহরে

কত ভোরে- দু'-পহরে – সন্ধ্যায় দেখি নীল শুপুরির বন
বাতাসে কাঁপিছে ধীরে;- খাঁচার শুকের মতো গাহিতেছে গান
কোন এক রাজকন্যা- পরনে ঘাসের শাড়ি- কালো চুলে ধান
বাংলার শালিধান- আঙিনায় ইহাদের করেছে বরণ,
হৃদয়ে জলের গন্ধ কন্যার- ঘুম নাই, নাইকো মরণ
তার আর কোনোদিন- পালঙ্কে সে শোয় নাকো, হয় নাকো ম্লান,
লক্ষ্মীপেঁচা শ্যামা আর শালিখের গানে তার জাগিতেছে প্রাণ-
সারাদিন- সারারাত বুকে ক'রে আছে তারে শুপুরির বন;

সকালে কাকের ডাকে আলো আসে, চেয়ে দেখি কালো দাঁড়কাক
সবুজ জঙ্গল ছেয়ে শুপুরির- শ্রীমন্তও দেখেছে এমন :
যখন ময়ূরপঙ্খী ভোরের সিন্ধুর মেঘে হয়েছে অবাক,
সুদূর প্রবাস থেকে ফিরে এসে বাংলার শুপুরির বন
দেখিয়াছে- অকস্মাৎ গাঢ় নীল : করুণ কাকের ক্লান্ত ডাক
শুনিয়াছে- সে কত শতাব্দী আগে ডেকেছিল তাহারা যখন।

এই ডাঙা ছেড়ে হায়

এই ডাঙা ছেড়ে হায় রূপ কে খুঁজিতে যায় পৃথিবীর পথে।
বটের শুকনো পাতা যেন এক যুগান্তের গল্প ডেকে আনে:
ছড়ায়ে রয়েছে তারা প্রান্তরের পথে পথে নির্জন অঘ্রানে;-
তাদের উপেক্ষা ক'রে কে যাবে বিদেশে বলো- আমি কোনো-মতে
বাসমতী ধানক্ষেত ছেড়ে দিয়ে মালাবারে- উটির পর্বতে
যাব নাকো, দেখিব না পামগাছ মাথা নাড়ে সমুদ্রের গানে
কোন দেশে,- কোথায় এলাচিফুল দারুচিনি বারুণীর প্রাণে
বিনুনী খসায়ে ব'সে থাকিবার স্বপ্ন আনে;- পৃথিবীর পথে

যাব নাকো : অশ্বত্থের ঝরাপাতা ম্লান শাদা ধুলোর ভিতর,
যখন এ- দু'-পহরে কেউ নাই কোনো দিকে- পাখিটিও নাই,
অবিরল ঘাস শুধু ছড়ায়ে র'য়েছে মাটি কাঁকরের 'পর,
খড়কুটো উল্টায়ে ফিরিতেছে দু'একটা বিষণ্ণ চড়াই,
অশ্বত্থের পাতাগুলো প'ড়ে আছে ম্লান শাদা ধুলোর ভিতর;
এই পথ ছেড়ে দিয়ে এ-জীবন কোনোখানে গেল নাকো তাই।

এখানে আকাশ নীল

এখানে আকাশ নীল- নীলাভ আকাশ জুড়ে সজিনার ফুল
ফুটে থাকে হিম শাদা- রং তার আশ্বিনের আলোর মতন;
আকন্দফুলের কালো ভীমরুল এইখানে করে গুঞ্জরণ
রৌদ্রের দুপুর ভ'রে;- বারবার রোদ তার সুচিক্কণ চুল
কাঁঠাল জামের বুকে নিঙড়ায়;- দহে বিলে চঞ্চল আঙুল
বুলায়ে বুলায়ে ফেরে এইখানে জাম লিচু কাঁঠালের বন,
ধনপতি, শ্রীমন্তের, বেহুলার, লহনার ছুঁয়েছে চরণ;
মেঠো পথে মিশে আছে কাক আর কোকিলের শরীরের ধূল,

কবেকার কোকিলের জানো কি তা? যখন মুকুন্দরাম, হায়,
লিখিতেছিলেন ব'সে দু'পহরে সাধের সে চণ্ডিকামঙ্গল,
কোকিলের ডাক শুনে লেখা তাঁর বাধা পায়- থেমে থেমে যায়;-
অথবা বেহুলা একা যখন চলেছে ভেঙে গাঙুড়ের জল
সন্ধ্যার অন্ধকারে, ধানক্ষেতে, আমবনে, অস্পষ্ট শাখায়
কোকিলের ডাক শুনে চোখে তার ফুটেছিল কুয়াশা কেবল।

কোথাও মঠের কাছে

কোথাও মঠের কাছে — যেইখানে ভাঙা মঠ নীল হয়ে আছে
শ্যাওলায় — অনেক গভীর ঘাস জমে গেছে বুকের ভিতর,
পাশে দীঘি মজে আছে — রূপালী মাছের কণ্ঠে কামনার স্বর
যেইখানে পাটরানী আর তার রূপসী সখীরা শুনিয়াছে
বহু বহু দিন আগে — যেইখানে শঙ্খমালা কাঁথা বুনিয়াছে
সে কত শতাব্দী আগে মাছরাঙা — ঝিলমিল — কড়ি-খেলা ঘর;
কোন্ যেন কুহকীর ঝাঁড়ফুঁকে ডুবে গেছে সব তারপর
একদিন আমি যাব দু-প্রহরে সেই দূর প্রান্তরের কাছে,

সেখানে মানুষ কেউ যায় নাকো — দেখা যায় বাঘিনীর ডোরা
বেতের বনের ফাঁকে — জারুল গাছের তলে রৌদ্র পোহায়
রূপসী মৃগীর মুখ দেখা যায়, — শাদা ভাঁটপুষ্পের তোড়া
আলোকলতার পাশে গন্ধ ঢালে দ্রোণফুল বাসকের গায়;
তবুও সেখানে আমি নিয়ে যাবো একদিন পাটকিলে ঘোড়া
যার রূপ জন্মে জন্মে কাঁদায়েছে আমি তারে খুঁজিব সেথায়।

চ'লে যাব শুকনো পাতা-ছাওয়া

চ'লে যাব শুকনো পাতা-ছাওয়া ঘাসে — জামরুল হিজলের বনে;
তলতা বাঁশের ছিপ হাতে রবে — মাছ আমি ধরিব না কিছু; —
দীঘির জলের গন্ধে রুপালি চিতল আর রূপসীর পিছু
জামের গভীর পাতা-মাখা শান্ত — নীল জলে খেলিছে গোপনে;
আনারস ঝোপে ওই মাছরাঙা তার মাছরাঙাটির মনে
অস্পষ্ট আলোয় যেন মুছে যায় — সিঁদুরের মতো রাঙা লিচু
ঝ'রে পড়ে পাতা ঘাসে, — চেয়ে দেখি কিশোরী করেছে মাথা নিচু —
এসেছে সে দুপুরের অবসরে জামরুল লিচু আহরণে —

চলে যায়; নীলাম্বরী স'রে যায় কোকিলের পাখনার মতো
ক্ষীরুয়ের শাখা ছুঁয়ে চালতার ডাল ছেড়ে বাঁশের পিছনে
কোনো দূর আকাঙক্ষার ক্ষেতে মাঠে চলে যায় যেন অব্যাহত,
যদি তার পিছে যাও দেখিবে সে আকন্দের করবীর বনে
ভোমরার ভয়ে ভীরু — বহু ক্ষণ পায়চারি করে আনমনে
তারপর চলে গেল — উড়ে গেল যেন নীল ভোমরার সনে।

এখানে ঘুঘুর ডাকে

এখানে ঘুঘুর ডাকে অপরাহ্ণে শান্তি আসে মানুষের মনে;
এখানে সবুজ শাখা আঁকাবাঁকা হলুদ পাখিরে রাখে ঢেকে;
জামের আড়ালে সেই বউকথাকওটিরে যদি ফেল দেখে
একবার — একবার দু’-পহর অপরাহ্ণে যদি এই ঘুঘুর গুঞ্জনে
ধরা দাও — তাহলে অনন্তকাল থাকিতে যে হবে এই বনে;
মৌরির গন্ধমাখা ঘাসের শরীরে ক্লান্ত দেহটিরে রেখে
আশ্বিনের ক্ষেতঝরা কচি কচি শ্যামা পোকাদের কাছে ডেকে
র’ব আমি চকোরীর সাথে যেন চকোরের মতন মিলনে;

উঠানে কে রূপবতী খেলা করে — ছাড়ায়ে দিতেছে বুঝি ধান
শালিখেরে; ঘাস থেকে ঘাসে ঘাসে খুঁটে খুঁটে খেতেছে সে তাই;
হলুদ নরম পায়ে খয়েরি শালিখগুলো ডলিছে উঠান;
চেয়ে দ্যাখো সুন্দরীরে : গোরোচনা রূপ নিয়ে এসেছে কি রাই!
নীলনদে — গাঢ় রৌদ্রে — কবে আমি দেখিয়াছি — করেছিল স্নান —

শ্মশানের দেশে তুমি

শ্মশানের দেশে তুমি আসিয়াছ — বহুকাল গেয়ে গেছ গান
সোনালি চিলের মতো উড়ে উড়ে আকাশের রৌদ্র আর মেঘে, —
লক্ষ্মীর বাহন যেই স্নিগ্ধ পাখি আশ্বিনের জ্যোৎস্নার আবেগে
গান গায় — শুনিয়াছি রাখিপূর্ণিমার রাতে তোমার আহ্বান
তার মতো; আম চাঁপা কদমের গাছ থেকে গাহে অফুরান
যেন স্নিগ্ধ ধান ঝরে... অনন্ত — সবুজ শালি আছে যেন লেগে
বুকে তব; বল্লালের বাংলায় কবে যে উঠলে তুমি জেগে;
পদ্মা, মেঘনা, ইছামতী নয় শুধু — তুমি কবি করিয়াছ স্নান

সাত সমুদ্রের জলে, — ঘোড়া নিয়ে গেছ তুমি ধূম্র নারীবেশে
অর্জুনের মতো, আহা, — আরো দূর ম্লান নীল রূপের কুয়াশা
ফুঁড়েছ সুপর্ণ তুমি — দূর রং আরো দূর রেখা ভালোবেসে;
আমাদের কালীদহ — গাঙুড় — গাঙের চিল তবু ভালোবাসা
চায় যে তোমার কাছে — চায়, তুমি ঢেলে দাও নিজেরে নিঃশেষে
এই দহে — এই চূর্ণ মঠে মঠে — এই জীর্ণ বটে বাঁধো বাসা।

তবু তাহা ভুল জানি

তবু তাহা ভুল জানি — রাজবল্লভের কীর্তি ভাঙে কীর্তিনাশা;
তবুও পদ্মার রূপ একুশরত্নের চেয়ে আরো ঢের গাঢ় —
আরো ঢের প্রাণ তার, বেগ তার, আরো ঢের জল, জল আরো;
তোমারো পৃথিবী পথ; নক্ষত্রের সাথে তুমি খেলিতেছ পাশা :
শঙ্খমালা নয় শুধু : অনুরাধা রোহিনীরও চাও ভালোবাসা,
না জানি সে কতো আশা — কতো ভালোবাসা তুমি বাসিতে যে পার!
এখানে নদীর ধারে বাসমতী ধানগুলো ঝরিছে আরো;
প্রান্তরের কুয়াশায় এখানে বাদুড়ের যাওয়া আর আসা —

এসেছে সন্ধ্যার কাক ঘরে ফিরে, — দাঁড়ায়ে রয়েছে জীর্ণ মঠ,
মাঠের আঁধার পথে শিশু কাঁদে — লালপেড়ে পুরানো শাড়ির
ছবিটি মুছিয়া যায় ধীরে ধীরে — কে এসেছে আমার নিকট?
'কার শিশু? বলো তুমি' : শুধালাম, উত্তর দিলো না কিছু বট;
কেউ নাই কোনোদিকে — মাঠে পথে কুয়াশার ভিড়;
তোমারে শুধাই কবি : তুমিও কি জানো কিছু এই শিশুটির।

সোনার খাঁচার বুকে

সোনার খাঁচার বুকে রহিব না আমি আর শুকের মতন;
কি গল্প শুনিতে চাও তোমরা আমার কাছে — কোন্ কোন্ গান, বলো,
তাহ'লে এ-দেউলের খিলানের গল্প ছেড়ে চলো, উড়ে চলো, —
যেখানে গভীর ভোরে নোনাফল পাকিয়াছে, — আছে আতাবন,
পউষের ভিজে ভোরে, আজ হায় মন যেন করিছে কেমন; —
চন্দ্রমালা, রাজকন্যা, মুখ তুলে চেয়ে দেখ — শুধাই , শুন লো,
কি গল্প শুনিতে চাও তোমরা আমার কাছে, — কোন্ গান বলো,
আমার সোনার খাঁচা খুলে দাও, আমি যে বনের হীরামন;

রাজকন্যা শোনে নাকো — আজ ভোরে আরসীতে দেখে নাকো মুখ,
কোথায় পাহাড় দূরে শাদা হয়ে আছে যেন কড়ির মতন, —
সেই দিকে চেয়ে — চেয়ে দিনভোর ফেটে যায় রূপসীর বুক,
তবুও সে বোঝে না কি আমারো যে সাধ আছে—আছে আনমন
আমারো যে — চন্দ্রমালা, রাজকন্যা, শোনো শোনো তোলো তো চিবুক।
হাড়পাহাড়ের দিকে চেয়ে চেয়ে হিম হয়ে গেছে তার স্তন।

কত দিন সন্ধ্যার

কত দিন সন্ধ্যার অন্ধকারে মিলিয়াছি আমরা দুজনে;
আকাশ প্রদীপ জ্বেলে তখন কাহারা যেন কার্তিকের মাস
সাজায়েছে, — মাঠ থেকে গাজন গানের স্নান ধোঁয়াটে উচ্ছ্বাস
ভেসে আসে; ডানা তুলে সাপমাসী উড়ে যায় আপনার মনে
আকন্দ বনের দিকে; একদল দাঁড়কাক ম্লান গুঞ্জরণে
নাটার মতন রাঙা মেঘ নিঙড়ায়ে নিয়ে সন্ধ্যার আকাশ
দু'মুহূর্ত ভরে রাখে — তারপর মৌরির গন্ধমাখা ঘাস
পড়ে থাকে : লক্ষ্মীপেঁচা ডাল থেকে ডালে শুধু উড়ে চলে বনে

আধো ফোটা জ্যোৎস্নায়; তখন ঘাসের পাশে কতদিন তুমি
হলুদ শাড়িটি বুকে অন্ধকারে ফিঙ্গার পাখনার মতো
বসেছ আমার কাছে এইখানে — আসিয়াছে শটিবন চুমি
গভীর আঁধার আরো — দেখিয়াছি বাদুড়ের মৃদু অবিরত
আসা-যাওয়া আমরা দুজনে বসে-বলিয়াছি ছেঁড়াফাঁড়া কত
মাঠ ও চাঁদের কথা! ম্লান চোখে একদিন সব শুনেছ তো।

এ-সব কবিতা আমি

এ-সব কবিতা আমি যখন লিখেছি বসে নিজ মনে একা;
চালতার পাতা থেকে টুপ টুপ জ্যোৎস্নায় ঝরেছে শিশির;
কুয়াশায় স্থি'র হয়ে ছিল ম্লান ধানসিড়ি নদীটির তীর;
বাদুড় আধাঁর ডানা মেলে হিম জ্যোৎস্নায় কাটিয়াছে রেখা
আকাঙক্ষার; নিভু দীপ আগলায়ে মনোরমা দিয়ে গেছে দেখা
সঙ্গে তার কবেকার মৌমাছির.... কিশোরীর ভিড়
আমের বউল দিল শীতরাতে; — আনিল আতার হিম ক্ষীর;
মলিন আলোয় আমি তাহাদের দেখিলাম, — এ কবিতা লেখা

তাহাদের ম্লান চুল মনে ক'রে, তাহাদের কড়ির মতন
ধূসর হাতের রূপ মনে করে; তাহাদের হৃদয়ের তরে।
সে কত শতাব্দী আগে তাহাদের করুণ শঙ্খের মতো স্তন
তাহাদের হলুদ শাড়ি — ক্ষীর দেহ — তাহাদের অপরূপ মন
চলে গেছে পৃথিবীর সব চেয়ে শান্ত হিম সান্ত্বনার ঘরে :
আমার বিষণ্ন স্বপ্নে থেকে থেকে তাহাদের ঘুম ভেঙে পড়ে।

কত দিন তুমি আমি

কত দিন তুমি আমি এসে এইখানে বসিয়াছি ঘরের ভিতর
খড়ের চালের নিচে, অন্ধকারে; — সন্ধ্যার ধূসর সজল
মৃদু হাত খেলিতেছে হিজল জামের ডালে — বাদুড় কেবল
করিতেছে আসা-যাওয়া আকাশের মৃদু পথে; — ছিন্ন ভিজে খড়
বুকে নিয়ে সনকার মতো যেন পড়ে আছে নরম প্রান্তর;
বাঁকা চাঁদ চেয়ে আছে;—কুয়াশায় গা ভাসায়ে দেয় অবিরল
নিঃশব্দ গুবরে পোকা—সাপমাসী — ধানী শ্যামাপোকাদের দল;
দিকে দিকে চালধোয়া গন্ধ মৃদু — ধূসর শাড়ির ক্ষীণ স্বর

শোনা যায়;— মানুষের হৃদয়ের পুরোনো নীরব
বেদনার গন্ধ ভাসে;—খড়ের চালের নিচে তুমি আর আমি
কতদিন মলিন আলোয় বসে দেখেছি বুঝেছি এই সব;
সময়ের হাত থেকে ছুটি পেয়ে স্বপনের গোধূলিতে নামি
খড়ের চালের নিচে মুখোমুখি বসে থেকে তুমি আর আমি
ধূসর আলোয় বসে কতদিন দেখেছি বুঝেছি এইসব।

এখানে প্রাণের স্রোত

এখানে প্রাণের স্রোত আসে যায় — সন্ধ্যায় ঘুমায় নীরবে
মাটির ভিটের 'পরে — লেগে থাকে অন্ধকারে ধুলোর আঘ্রাণ
তাহাদের চোখেমুখে;-কদমের ডালে পেঁচা গেয়ে যায় গান;
মনে হয় পৃথিবীতে হয়তো এ-জ্যোৎস্না শুধু র'বে
এই শীত র'বে শুধু; রাত্রী ভ'রে এই লক্ষীপেঁচা কথা ক'বে-
র'বেকাঁঠালের ডাল থেকে হিজলের ডালে গিয়ে করিবে আহ্বান
সাপমাসী পোকাটিরে... সেই দিন আঁধারে উঠিবে ন'ড়ে ধান
ইঁদুরের ঠোঁটে-চোখে; বাদুড়ের কালো ডানা করমচা পল্লবে

কুয়াশারে নিঙড়ায়ে উড়ে যাবে আরো দূর নীল কুয়াশায়,
কেউ তাহা দেখিবে না; — সেদিন এ পাড়াগাঁর পথের বিস্ময়
দেখিতে পাবো না আর — ঘুমায়ে রহিবে সব; যেমন ঘুমায়
আজ রাতে মৃত যারা; যেমন হতেছে ঘুমে ক্ষয়
অশ্বত্থ ঝাউয়ের পাতা চুপে চুপে আজ রাতে, হায়;
যেমন ঘুমায় মৃতা, — তাহার বুকের শাড়ি যেমন ঘুমায়।

একদিন যদি আমি

একদিন যদি আমি কোনো দূর বিদেশের সমুদ্রের জলে
ফেনার মতন ভাসি শীত রাতে — আসি নাকো তোমাদের মাঝে
ফিরে আর — লিচুর পাতার 'পরে বহুদিন সাঁঝে
যেই পথে আসা-যাওয়া করিয়াছি, — একদিন নক্ষত্রের তলে
কয়েকটা নাটাফল তুলে নিয়ে আনারসী শাড়ির আঁচলে
ফিঙার মতন তুমি লঘু চোখে চলে যাও জীবনের কাজে,
এই শুধু... বেজির পায়ের শব্দ পাতার উপড়ে যদি বাজে
সারারাত... ডানার অস্পষ্ট ছায়া বাদুড়ের ক্লান্ত হয়ে চলে

যদি সে পাতার 'পরে, — শেষ রাতে পৃথিবীর অন্ধকারে শীতে
তোমার ক্ষীরের মতো মৃদু দেহ — ধূসর চিবুক, বাম হাত
চালতা গাছের পাশে খোড়ো ঘরে স্নিগ্ধ হয়ে ঘুমায় নিভৃতে,
তবুও তোমার ঘুম ভেঙে যাবে একদিন চুপে অকস্মাৎ,
তুমি যে কড়ির মালা দিয়েছিলে — সে-হার ফিরাযে দিয়ে দিতে
যখন কে এক ছায়া এসেছিল... দরজায় করেনি আঘাত।

দূর পৃথিবীর গন্ধে

দূর পৃথিবীর গন্ধে ভরে ওঠে আমার এ বাঙালির মন
আজ রাতে; একদিন মৃত্যু এসে যদি দূর নক্ষত্রের তলে
অচেনা ঘাসের বুকে আমারে ঘুমায়ে যেতে বলে
তবুও সে ঘাস এই বাংলার অবিরল ঘাসের মতন
মউরীর মৃদু গন্ধে ভরে রবে, — কিশোরীর স্তন
প্রথম জননী হয়ে যেমন ননীর ঢেউয়ে গলে
পৃথিবীর সব দেশে–সবচেয়ে ঢের দূর নক্ষত্রের তলে
সব পথে এইসব শান্তি — আছে: ঘাস — চোখ — শাদা হাত — স্তন —

কোথাও আসিবে মৃত্যু — কোথাও সবুজ মৃদু ঘাস
আমারে রাখিবে ঢেকে — ভোরে, রাতে, দু'-পহরে পাখির হৃদয়
ঘাসের মতন সাধে ছেয়ে র'বে রাতের আকাশ
নক্ষত্রের নীল ফুলে ফুটে র'বে — বাংলার নক্ষত্র কি নয়?
জানি নাকো; তবুও তাদের বুকে স্থির শান্তি– শান্তি লেগে যায়;
আকাশের বুকে তারা যেন চোখ — শাদা হাত-যেন স্তন — ঘাস — ।

অশ্বত্থ বটের পথে

অশ্বত্থ বটের পথে অনেক হয়েছি আমি তোমাদের সাথী;
ছড়ায়েছি খই ধান বহুদিন উঠানের শালিখের তরে;
সন্ধ্যায় পুকুর থেকে হাঁসটিরে নিয়ে আমি তোমাদের ঘরে
গিয়েছি অনেক দিন, — দেখিয়াছি ধূপ জ্বালো, ধরো সন্ধ্যাবাতি
থোড়ের মতন শাদা ভিজে হাতে, — এখুনি আসিবে কিনা রাতি
বিনুনি বেঁধেছ তাই — কাঁচপোকাটিপ তুমি কপারে 'পরে
পড়িয়াছ... তারপর ঘুমায়েছ: কল্কাপাড় আঁচলটি ঝরে
পানের বাটার 'পরে; নোনার মতন নম্র শরীরটি পাতি

নির্জন পালঙ্কে তুমি ঘুমায়েছ, — বউকথাকওটির ছানা
নীল জামরুল নীড়ে — জ্যোৎস্নায় — ঘুমায়ে রয়েছে যেন, হায়,
আর রাত্রি মাতাপাখিটির মতো ছড়ায়ে রয়েছে তার ডানা।...
আজ আমি ক্লান্ত চোখে ব্যবহৃত জীবনের ধুলোয় কাঁটায়
চলে গেছে বহু দূরে; — দেখোনিকো, বোঝানিকো, করোনিকো মানা
রূপসী শঙ্খের কৌটা তুমি যে গো প্রাণহীন — পানের বাটায়।

(১৩২৬ -এর কতকগুলো দিনের স্মরণে)

ঘাসের বুকের থেকে

ঘাসের বুকের থেকে কবে আমি পেয়েছি যে আমার শরীর –
সবুজ ঘাসের থেকে; তাই রোদ ভালো লাগে — তাই নীলাকাশ
মৃদু ভিজে সকরুণ মনে হয়; — পথে পথে তাই এই ঘাস
জলের মতন স্নিগ্ধ মনে হয়, — মৌউমাছিদের যেন নীড়
এই ঘাস; — যত দূর যাই আমি আরো যত দূর পৃথিবীর
নরম পায়ের তলে যেন কত কুমারীর বুকের নিঃশ্বাস
কথা কয় — তাহাদের শান্ত হাত খেলা করে — তাদের খোঁপায় এলো ফাঁস
খুলে যায় — ধূসর শাড়ির গন্ধে আসে তারা — অনেক নিবিড়
পুরোনো প্রাণের কথা কয়ে যায় — হৃদয়ের বেদনার কথা –
সান্ত্বনার নিভৃত নরম কথা — মাঠের চাঁদের গল্প করে –
আকাশের নক্ষত্রের কথা কয়; — শিশিরের শীত সরলতা
তাহাদের ভালো লাগে, — কুয়াশারে ভালো লাগে চোখের উপরে;
গরম বৃষ্টির ফোঁটা ভালো লাগে; শীত রাতে — পেঁচার নম্রতা;
ভালো লাগে এই যে অশ্বথ পাতা আমপাতা সারারাত ঝরে।

এই জল ভালো লাগে

এই জল ভালো লাগে; বৃষ্টির রূপালি জল কত দিন এসে
ধুয়েছে আমার দেহ — বুলায়ে দিয়েছে চুল — চোখের উপরে
তার শান্ত স্নিগ্ধ হাত রেখে কত খেলিয়াছে, — আবেগের ভরে
ঠোঁটে এসে চুমা দিয়ে চ'লে গেছে কুমারীর মতো ভালোবেসে;
এই জল ভালো লাগে; — নীলপাতা মৃদু ঘাস রৌদ্রের দেশে
ফিঙ্গা যেমন তার দিনগুলো ভালোবাসে — বনের ভিতরে
বারবার উড়ে যায়, — তেমনি গোপন প্রেমে এই জল ঝরে
আমার দেহের 'পরে আমার চোখের 'পরে ধানের আবেশে

ঝ'রে পড়ে; — যখন অঘ্রাণ রাতে ভরা ক্ষেত হয়েছে হলুদ,
যখন জামের ডালে পেঁচার নরম হিম গান শোনা যায়,
বনের কিনারে ঝরে যেই ধান বুকে ক'রে শান্ত — শালিক্ষুদ,
তেমনি ঝরিছে জল আমার ঠোঁটের পরে-চোখের পাতায় –
আমার চুলের 'পরে, — অপরাহ্নে রাঙা রোদে সবুজ আতায়
রেখেছে নরম হাত যেন তার — ঢালিছে বুকের থেকে দুধ।

একদিন পৃথিবীর পথে

একদিন পৃথিবীর পথে আমি ফেলিয়াছি, আমার শরীর
নরম ঘাসের পথে হাঁটিয়াছে; বসিয়াছে ঘাসে
দেখিয়াছে নক্ষত্রের জোনাকিপোকার মতো কৌতুকের অমেয় আকাশে
খেলা করে; নদীর জলের গন্ধে ভরে যায় ভিজে স্নিগ্ধ তীর
অন্ধকারে; পথে পথে শব্দ পাই কাহাদের নরম শাড়ির,
ম্লান চুল দেখা যায়; সান্ত্বনার কথা নিয়ে কারা আসে –
ধূসর কড়ির মতো হাতগুলো — নগ্ন হাত সন্ধ্যার বাতাসে
দেখা যায় : হলুদ ঘাসের কাছে মরা হিম প্রজাপতিটির

সুন্দর করুণ পাখা পড়ে আছে — দেখি আমি; — চুপে থেমে থাকি;
আকাশে কমলা রঙ ফুটে ওঠে সন্ধ্যায় — কাকগুলো নীল মনে হয়;
অনেক লোকের ভিড়ে ডুবে যাই — কথা কই — হাতে হাত রাখি;
করুণ বিষণ্ন চুলে কার যেন কোথাকার গভীর বিস্ময়
লুকায়ে রয়েছে বুঝি... নক্ষত্রের নিচে আমি ঘুমাই একাকী;
পেঁচার ধূসর ডানা সারারাত জোনাকির সাথে কথা কয়।

পৃথিবীর পথে আমি

পৃথিবীর পথে আমি বহুদিন বাস করে হৃদয়ের নরম কাতর
অনেক নিভৃত কথা জানিয়াছি; পৃথিবীতে আমি বহুদিন
কাটায়েছি; বনে বনে ডালপালা উড়িতেছে — যেন পরী জিন্
কথা কয়; ধূসর সন্ধ্যায় আমি ইহাদের শরীরের 'পর
খইয়ের ধানের মতো দেখিয়াছি ঝরে ঝর্ ঝর
দু-ফোঁটা মেঘের বৃষ্টি, — শাদা ধুলো জলে ভিজে হয়েছে মলিন,
ম্লান গন্ধ মাঠে ক্ষেতে... গুবরে পোকার তুচ্ছ বুক থেকে ক্ষীণ
অস্পষ্ট করুণ শব্দ ডুবিতেছে অন্ধকারে নদীর ভিতর :

এই সব দেখিয়াছি; — দেখিয়াছি নদীটিরে — মজিতেছে ঢালু অন্ধকারে;
সাপমাসী উড়ে যায়; দাঁড়কাক অশ্বত্থে'র নীড়ের ভিতর
পাখনার শব্দ করে অবিরাম; কুয়াশায় একাকী মাঠের ঐ ধারে
কে যেন দাঁড়ায়ে আছে : আরো দূরে দ'একটা স্তব্ধ খোড়ো ঘর
প'ড়ে আছে; — খাগড়ার বনে ব্যাং ডাকে কেন — থামিতে কি পারে;
কাকের তরুণ ডিম পিছলায়ে পড়ে যায় শ্যাওড়ার ঝাড়ে।)

মানুষের ব্যথা আমি

মানুষের ব্যথা আমি পেয়ে গেছি পৃথিবীর পথে এসে — হাসির আস্বাদ
পেয়ে গেছি; দেখেছি আকাশে দূরে কড়ির মতন শাদা মেঘের পাহাড়ে
সূর্যের রাঙা ঘোড়া: পক্ষিরাজের মতো কমলা রঙের পাখা ঝাড়ে
রাতের কুয়াশা ছিঁড়ে; দেখেছি শরের বনে শাদা রাজহাঁসদের সাধ
উঠেছে আনন্দে জেগে — নদীর স্রোতের দিকে বাতাসের মতন অবাধ
চ'লে গেছে কলরবে; — দেখেছি সবুজ ঘাস — যত দূর চোখ যেতে পারে;
ঘাসের প্রকাশ আমি দেখিয়াছি অবিরল, — পৃথিবীর ক্লান্ত বেদনারে
ঢেকে আছে; — দেখিয়াছি বাসমতী, কাশবন, আকাঙক্ষার রক্ত, অপরাধ
মুছায়ে দিতেছে যেন বারবার-কোন এক রহস্যের কুয়াশার ঢেকে
যেখানে জন্মে না কেউ, যেখানে মরে না কেউ, সেই কুহকের থেকে এসে
রাঙা রোদ, শালিধান, ঘাস, কাশ, মরালেরা বারবার রাখিতেছে ঢেকে
আমাদের রুক্ষ প্রশ্ন, ক্লান্ত ক্ষুধা, স্ফুট মৃত্যু — আমাদের বিস্মিত নীরব
রেখে দেয় — পৃথিবীর পথে আমি কেটেছি আঁচড় ঢের, অশ্রু গেছি রেখে
তবু ঐ মরালীরা কাশ ধান রোদ ঘাস এসে এসে মুছে দেয় সব।

তুমি কেন বহু দূরে

তুমি কেন বহু দূরে — ঢের দূরে — আরো দূরে — নক্ষত্রের অস্পষ্ট আকাশ
তুমি কেন কোনদিন পৃথিবীর ভিড়ে এসে বলো নাকো একটিও কথা;
আমরা মিনার গড়ি — ভেঙে পড়ে দু'দিনেই — স্বপনের ডানা ছিঁড়ে ব্যথা
রক্ত হয়ে ঝরে শুধু এইখানে — ক্ষুধা হয়ে ব্যথা দেয় — নীল নাভিশ্বাস;
ফেনায়ে তুলিছে শুধু পৃথিবীতে পিরামিডযুগ থেকে আজো বারোমাস;
আমাদের সত্য, আহা, রক্ত হযে ঝরে শুধু; — আমাদের প্রাণের মমতা
ফড়িঙের ডানা নিয়ে ওড়ে, আহা : চেয়ে দেখে অন্ধকার কঠিন ক্ষমতা
ক্ষমাহীন — বারবার পথ আটকায়ে ফেলে বারবার করে তারে গ্রাস;

তারপর চোখ তুলে দেখি ওই কোন দূর নক্ষত্রের ক্লান্ত আয়োজন
ক্লান্তিরে ভুলিতে বলে — ঘিয়ের সোনার দীপে লাল নীল শিখা
জ্বলিতেছে যেন দূর রহস্যের কুয়াশায়, — আবার স্বপ্নের গন্ধে মন
কেঁদে ওঠে; —তবু জানি আমাদের স্বপ্ন হতে অশ্রু ক্লান্তি — রক্তের কণিকা
ঝরে শুধু — স্বপ্ন কি দেখেনি বুদ্ধ — নিউসিডিয়ায় বসে দেখেনি মণিকা?
স্বপ্ন কি দেখেনি রোম, এশিরিয়া, উজ্জয়িনী, গৌড়বাংলা, দিল্লী, বেবিলন?

আমাদের রূঢ় কথা

আমাদের রূঢ় কথা শুনে তুমি সরে যাও আরো দূরে বুঝি নীলাকাশ;
তোমার অনন্ত নীল সোনালি ভোমরা নিয়ে কোনো দূর শান্তির ভিতরে
ডুবে যাবে? কত কাল কেটে গেল, তবু তার কুয়াশার পর্দা না সরে
পিরামিড্ বেবিলন শেষ হ'ল — ঝরে গেল কতবার প্রান্তরের ঘাস;
তবুও লুকায়ে আছে যেই রূপ নক্ষত্রে তা কোনোদিন হ'ল না প্রকাশ:
যেই স্বপ্ন যেই সত্য নিয়ে আজ আমরা চলিয়া যাই ঘরে,
কোনো এক অন্ধকারে হয়তো তা আকাশের যাযাবর মরালের স্বরে
নতুন স্পন্দন পায়-নতুন আগ্রহে গন্ধে ভরে ওঠে পৃথিবীর শ্বাস;
তখন আমরা ওই নক্ষত্রের দিকে চাই — মনে হয় সব অস্পষ্টতা
ধীরে ধীরে ঝরিতেছে, — যেই রূপ কোনোদিন দেখি নাই পৃথিবীর পথে,
যেই শান্তি মৃত জননীর মতো চেয়ে থাকে — কয় নাকো কথা,
যেই স্বপ্ন বার বার নষ্ট হয় আমাদের এই সত্য রক্তের জগতে,
আজ যাহা ক্লান্ত ক্ষীণ আজ যাহা নগ্ন চূর্ণ — অন্ধ মৃত হিম,
একদিন নক্ষত্রের দেশে তারা হয়ে র'বে গোলাপের মতন রক্তিম।

এই পৃথিবীতে আমি

এই পৃথিবীতে আমি অবসর নিয়ে শুধু আসিয়াছি — আমি হৃষ্ট কবি
আমি এক; — ধুয়েছি আমার দেহ অন্ধকারে একা একা সমুদ্রের জলে;
ভালোবাসিয়াছি আমি রাঙা রোদ, ক্ষান্ত কার্তিকের মাঠে — ঘাসের আঁচলে
ফড়িঙের মতো আমি বেড়ায়েছি; — দেখেছি কিশোরী এসে হলুদ করবী
ছিঁড়ে নেয় — বুকে তার লাল পেড়ে ভিজে শাড়ি করুণ শঙ্খের মতো ছবি
ফুটাতেছে — ভোরের আকাশখানা রাজহাঁস ভরে গেছে নব কোলাহলে
নব নব সূচনার : নদীর গোলাপী ঢেউ কথা বলে — তবু কথা বলে,
তবু জানি তার কথা কুয়াশায় ফুরায় না — কেউ যেন শুনিতেছে সবি

কোন্ রাঙা শাটিনের মেঘে বসে — অথবা শোনে না কেউ, শূন্য কুয়াশায়
মুছে যায় সব তার; একদিন বর্ণচ্ছটা মুছে যাবো আমিও এমন;
তবু আজ সবুজ ঘাসের ’পরে ব’সে থাকি; ভালোবাসি; প্রেমের আশায়
পায়ের ধ্বনির দিকে কান পেতে থাকি চুপে; কাঁটাবহরের ফল করি আহরণ
কারে যেন এইগুলো দেবো আমি; মৃদু ঘাসে একা — একা ব’সে থাকা যায়
এইসব সাধ নিয়ে; যখন আসিবে ঘুম তারপর, ঘুমাব তখন।

বাতাসে ধানের শব্দ

বাতাসে ধানের শব্দ শুনিয়াছি — ঝরিতেছে ধীরে ধীরে অপরাহ্ন ভ'রে;
সোনালি রোদের রঙ দেখিয়াছি — দেহের প্রথম কোন প্রেমের মতন
রূপ তার — এলোচুল ছড়ায়ে রেখেছ ঢেকে গূঢ় রূপ — আনারস বন;
ঘাস আমি দেখিয়াছি; দেখেছি সজনে ফুল চুপে চুপে পড়িতেছে ঝ'রে
মৃদু ঘাসে; শান্তি পায়; দেখেছি হলুদ পাখি বহুক্ষণ থাকে চুপ ক'রে,
নির্জন আমের ডালে দুলে যায় — দুলে যায় — বাতাসের সাথে বহুক্ষণ,
শুধু কথা, গান নয় — নীরবতা রচিতেছে আমাদের সবার জীবন
বুঝিয়াছি; শুপুরীর সারিগুলো দিনরাত হাওয়ায় যে উঠিতেছে ন'ড়ে,
দিনরাত কথা কয়, ক্ষীরের মতন ফুল বুকে ধরে, তাদের উৎসব
ফুরায় না; মাছরাঙাটির সাথী ম'রে গেছে — দুপুরের নিঃসঙ্গ বাতাসে
তবু ওই পাখিটির নীল লাল কমলা রঙের ডানা স্ফুট হয়ে ভাসে
আম নিম জামরুলে; প্রসন্ন প্রাণের স্রোত — অশ্রু নাই — প্রশ্ন নাই কিছু,
ঝিলমিল ডানা নিয়ে উড়ে যায় আকাশের থেকে দূর আকাশের পিছু,
চেয়ে দেখি ঘুম নাই — অশ্রু নাই — প্রশ্ন নাই বটফলগন্ধমাখা ঘাসে।

একদিন এই দেহ

একদিন এই দেহ ঘাস থেকে ধানের আঘ্রাণ থেকে এই বাংলা
জেগেছিল; বাঙালী নারীর মুখ দেখে রূপ চিনেছিলো দেহ একদিন;
বাংলার পথে পথে হেঁটেছিলো গাংচিল শালিখের মতন স্বাধীন;
বাংলার জল দিয়ে ধূয়েছিল ঘাসের মতন স্ফুট দেহখানি তার;
একদিন দেখেছিল ধূসর বকের সাথে ঘরে চ'লে আসে অন্ধকার
বাংলা; কাঁচা কাঠ জ্বলে ওঠে — নীল ধোঁয়া নরম মলিন
বাতাসে ভাসিয়া যায় কুয়াশার করুণ নদীর মতো ক্ষীণ;
ফেনসা ভাতের গন্ধে আমমুকুলের গন্ধ মিশে যায় যেন বারবার;

এই সব দেখেছিল রূপ; যেই স্বপ্ন আনে — স্বপ্নে যেই রক্তাক্ততা আছে,
শিখেছিল সেই সব একদিন বাংলার চন্দ্রমালা রূপসীর কাছে;
তারপর বেতবনে, জোনাকি ঝিঁঝির পথে হিজল আমের অন্ধকারে
ঘুরেছে সে সৌন্দর্যের নীল স্বপ্ন বুকে ক'রে, — রূঢ় কোলাহলে গিয়ে তারে –
ঘুমন কন্যারে সেই — জাগাতে যায়নি আর — হয়তো সে কন্যার হৃদয়
শঙ্খের মতন রুক্ষ, অথবা পদ্মের মতো — ঘুম তবু ভাঙিবার নয়।

আজ তারা কই সব?

আজ তারা কই সব? ওখানে হিজল গাছ ছিল এক — পুকুরের জলে
বহুদিন মুখ দেখে গেছে তার; তারপর কি যে তার মনে হ'ল কবে
কখন সে ঝ'রে গেল, কখন ফুরাল, আহা, — চলে গেল কবে যে নীরবে,
তাও আর জানি নাকো; ঠোঁট ভাঙা দাঁড়কাক ঐ বেলগাছটির তলে
রোজ ভোরে দেখা দিত — অন্যসব কাক আর শালিখের হৃষ্ট কোলাহলে
তারে আর দেখি নাকো — কতদিন দেখি নাই; সে আমার ছেলেবেলা হবে,
জানালার কাছে এক বোলতার চাক ছিল — হৃদয়ের গভীর উৎসবে
খেলা ক'রে গেছে তারা কত দিন — ফড়িঙ কীটের দিন যত দিন চলে
তাহারা নিকটে ছিলো — রোদের আনন্দে মেতে — অন্ধকারে শান্ত ঘুম খুঁজে
বহুদিন কাছে ছিলো; — অনেক কুকুর আজ পথে ঘাটে নড়াচড়া করে
তবুও আঁধারে ঢের মৃত কুকুরের মুখ — মৃত বিড়ালের ছায়া ভাসে;
কোথায় গিয়েছে তারা? ওই দূর আকাশের নীল লাল তারার ভিতরে
অথবা মাটির বুকে মাটি হয়ে আছে শুধু — ঘাস হয়ে আছে শুধু ঘাসে?
শুধালাম — উত্তর দিল না কেউ উদাসীন অসীম আকাশে।

হৃদয়ে প্রেমের দিন

হৃদয়ে প্রেমের দিন কখন যে শেষ হয় — চিতা শুধু প'ড়ে থাকে তার,
আমরা জানি না তাহা; — মনে হয় জীবনে যা আছে আজো তাই শালিধান
রূপশালি ধান তাহা... রূপ, প্রেম... এই ভাবি... খোসার মতন নষ্ট ম্লান
একদিন তাহাদের অসারতা ধরা পড়ে, — যখন সবুজ অন্ধকার,
নরম রাত্রির দেশ নদীর জলের গন্ধ কোন এক নবীনাগতার
মুখখানা নিয়ে আসে — মনে হয় কোনোদিন পৃথিবীতে প্রেমের আহ্বান
এমন গভীর করে পেয়েছি কি? প্রেম যে নক্ষত্র আর নক্ষত্রের গান,
প্রাণ যে ব্যাকুল রাত্রি প্রান্তরের গাঢ় নীল অমাবস্যার –
চ'লে যায় আকাশের সেই দূর নক্ষত্রের লাল নীল শিখার সন্ধানে,
প্রাণ যে আঁধার রাত্রি আমার এ, — আর তুমি স্বাতীর মতন
রূপের বিচিত্র বাতি নিয়ে এলে, — তাই প্রেম ধুলায় কাঁটায় যেইখানে
মৃত হয়ে পড়ে ছিল পৃথিবীর শূন্য পথে সে গভীর শিহরণ,
তুমি সখী, ডুবে যাবে মুহূর্তেই রোমহর্ষে — অনিবার অরুণের স্নানে
জানি আমি; প্রেম যে তবুও প্রেম; স্বপ্ন নিয়ে বেঁচে রবে, বাঁচিতে সে জানে।

কোনোদিন দেখিব না

কোনোদিন দেখিব না তারে আমি : হেমন্তে পাকিবে ধান, আষাঢ়ের রাতে
কালো মেঘ নিঙড়ায়ে সবুজ বাঁশের বন গেয়ে যাবে উচ্ছ্বাসের গান
সারারাত, — তবু আমি সাপচরা অন্ধ পথে — বেণুবনে তাহার সন্ধান
পাবো নাকে : পুকুরের পাড়ে সে যে আসিবে না কোনোদিন হাঁসিনীর সাথে,
সে কোনো জ্যোৎস্নায় আর আসিবে না — আসিবে না কখনো প্রভাতে,
যখন দুপুরে রোদে অপরাজিতার মুখ হয়ে থাকে ম্লান,
যখন মেঘের রঙে পথহারা দাঁড়কাক পেয়ে গেছে ঘরের সন্ধান,
ধূসর সন্ধ্যায় সেই আসিবে না সে এখানে; — এইখানে ধুন্দুল লতাতে
জোনাকি আসিবে শুধু : ঝিঁঝিঁ শুধু; সারারাত কথা কবে ঘাসে আর ঘাসে
বাদুড় উড়িবে শুধু পাখনা ভিজায়ে নিয়ে শান্ত হয়ে রাতের বাতাসে;
প্রতিটি নক্ষত্র তার স্থান খুঁজে জেগে রবে প্রতিটির পাশে
নীরব ধূসর কণা লেগে র'বে তুচ্ছ অনূকণাটির শ্বাসে
অন্ধকারে — তুমি, সখি, চলে গেলে দূরে তবু; — হৃদয়ের গভীর বিশ্বাসে
অশ্বত্থের শাখা ঐ দুলিতেছে; আলো আসে, ভোর হয়ে আসে।

ঘাসের ভিতরে সেই

ঘাসের ভিতরে সেই চড়ায়ের শাদা ডিম ভেঙে আছে — আমি ভালোবাসি
নিস্তব্ধ করুণ মুখ তার এই — কবে যেন ভেঙেছিল — ঢের ধুলো খড়
লেগে আছে বুকে তার — বহুক্ষণ চেয়ে থাকি; — তারপর ঘাসের ভিতর
শাদা শাদা ধুলোগুলো পড়ে আছে, দেখা যায় খইধান দেখি একরাশি
ছড়ায়ে রয়েছে চুপে; নরম বিষণ্ন গন্ধ পুকুরের জল থেকে উঠিতেছে ভাসি;
কান পেতে থাকি যদি, শোনা যায়, সরপুটি চিতলের উদ্ভাসিত স্বর
মীনকন্যাদের মতো, সবুজ জলের ফাঁকে তাদের পাতালপুরী ঘর
দেখা যায় — রহস্যের কুয়াশায় অপরূপ — রূপালি মাছের দেহ গভীর উদাসী
চ'লে যায় মন্ত্রিকুমারের মতো, কোটাল ছেলের মতো রাজার ছেলের মতো মিলে
কোন এক আকাঙ্ক্ষার উদঘাটনে কত দূরে; বহুক্ষণ চেয়ে থাকি একা;
অপরাহ্ন এল বুঝি? — রাঙা রৌদ্রে মাছরাঙা উড়ে যায় — ডানা ঝিলমিলে;
এক্ষুনি আসিবে সন্ধ্যা, — পৃথিবীতে ম্রিয়মাণ গোধূলি নামিলে
নদীর নরম মুখ দেখা যাবে — মুখে তার দেহে তার কতো মৃদু রেখা
তোমারি মুখের মতো; তবুও তোমার সাথে কোনোদিন হবে নাকো দেখা।

এইসব ভালো লাগে

(এই সব ভালো লাগে) : জানালার ফাঁক দিয়ে ভোরের সোনালি রোদ এসে
আমার ঘুমুতে দেখে বিছানায়,- আমার কাতর চোখ, আমার বিমর্ষ ম্লান চুল-
এই নিয়ে খেলা করে : জানে সে যে বহুদিন আগে আমি করেছি কি ভুল
পৃথিবীর সবচেয়ে ক্ষমাহীন গাঢ় এক রূপসীর মুখ ভালোবেসে,
পউষের শেষ রাতে আজো আমি দেখি চেয়ে আবার সে আমাদের দেশে
ফিরে এল; রং তার কেমন তা জানে ওই টসটসে ভিজে জামরুল,
নরম জামের মতো চুল তার, ঘুঘুর বুকের মতো অস্ফুট আঙুল;-
পউষের শেষ রাতে নিমপেঁচাটির সাথে আসে সে যে ভেসে
কবেকার মৃত কাক : পৃথিবীর পথে আজ নাই সে যে আর;
তবুও সে ম্লান জানালার পাশে উড়ে আসে নীরব সোহাগে,
মলিন পাখনা তার খড়ের চালের হিম শিশিরে মাখায়;
তখন এ পৃথিবীতে কোনো পাখি জেগে এসে বসেনি শাখায়;
পৃথিবীও নাই আর;- দাঁড়কাক একা একা সারারাত জাগে;
'কি বা, হায়, আসে যায়, তারে যদি কোনোদিন পাই আবার।'

সন্ধ্যা হয়- চারিদিকে

সন্ধ্যা হয়-চারিদিকে শান্ত নীরবতা;
খড় মুখে নিয়ে এক শালিক যেতেছে উড়ে চুপে;
গোরুর গাড়িটি যায় মেঠো পথ বেয়ে ধীরে ধীরে;
আঙিনা ভরিয়া আছে সোনালি খড়ের ঘন স্তূপে;

পৃথিবীর সব ঘুঘু ডাকিতেছে হিজলের বনে;
পৃথিবীর সব রূপ লেগে আছে ঘাসে;
পৃথিবীর সব প্রেম আমাদের দু'জনার মনে;
আকাশ ছড়ায়ে আছে শান্তি হয়ে আকাশে আকাশে।

একদিন কুয়াশার

একদিন কুয়াশার এই মাঠে আমারে পাবে না কেউ খুঁজে আর, জানি;
হৃদয়ের পথ-চলা শেষ হল সেই দিন- গিয়েছে সে শান্ত হিম ঘরে,
অথবা সান্ত্বনা পেতে দেরি হবে কিছু কার-পৃথিবীর এই মাঠখানি
ভুলিতে বিলম্ব হবে কিছু দিন; এ মাঠের কয়েকটা শালিকের তরে
আশ্চর্য বিস্ময়ে আমি চেয়ে রবো কিছু কাল অন্ধকার বিছানার কোলে,
আর সে সোনালি চিল ডানা মেলে দূর থেকে আজো কি মাঠের কুয়াশায়
ভেসে আসে?সেই ন্যাড়া অশ্বত্থের পানে আজো চ'লে যায়
সন্ধ্যা সোনার মতো হলে?
ধানের নরম শিষে মেঠো ইঁদুরের চোখ নক্ষত্রের দিকে আজো চায়

সন্ধ্যা হলে? মউমাছি চাক আজো বাঁধে না জামের নিবিড় ঘন ডালে,
মউ খাওয়া হয়ে গেলে আজো তারা উড়ে যায় কুয়াশায় সন্ধ্যার বাতাসে-
কত দূরে যায়, আহা... অথবা হয়তো কেউ চালতার ঝরাপাতা জ্বলে
মধুর চাকের নিচে-মাছিগুলো উড়ে যায়...ঝ'ড়ে পড়ে...ম'রে থাকে ঘাসে-

ভেবে ভেবে ব্যথা পাব

ভেবে ভেবে ব্যথা পাব;-মনে হবে, পৃথিবীর পথে যদি থাকিতাম বেঁচে
দেখিতাম সেই লক্ষীপেঁচাটির মুখ যারে কোনোদিন ভালো ক'রে দেখি নাই
আমি-
এমনি লাজুক পাখি,-ধূসর ডানা কি কুয়াশার ঢেউয়ে ওঠে নেচে;
যখন সাতটি তারা ফুটে ওঠে অন্ধকারে গাবের নিবিড় বুকে আসে সে কি নামি?

জউলির বাবলার আঁধার গলির ফাঁকে জোনাকির কুহকের আলো
ঝরে না কি? ঝিঁঝির সবুজ মাংসে ছোটো ছোটো ছেলেমেয়ে বউদের প্রাণ
ভুলে যায়; অন্ধকারে খুঁজে তারে আকন্দবনের ভিড়ে কোথায় হারালো
মকাল লতার তলে শিশিরের নীল জলে কেউ তার পাবে না সন্ধান।

আর সেই সোনালি চিলের ডানা- ডানা তার আজো কি মাঠের কুয়াশায়
ভেসে আসে?- সেই ন্যাড়া অশ্বত্থের পানে আজো চ'লে যায়
সন্ধ্যা সোনার মতো হলে?
ধানের নরম শিষে মেঠো ইঁদুরের চোখ নক্ষত্রের দিকে আজো চায়?
আশ্চর্য বিস্ময়ে আমি চেয়ে রবো কিছু কাল অন্ধকার বিছানার কোলে।

সমুদ্রের জলে আমি

সমুদ্রের জলে আমি দেহ ধুয়ে চেয়ে থাকি নক্ষত্রের আকাশের পানে
চারিদিকে অন্ধকার : নারী মতন হাত, কালো চোখ, ম্লান চুল ঝরে
যতদূর চোখ যায় নীলজল হৃষ্ট মরালের মতো কলরব করে
রাত্রিরে ডাকিতে চায়-বুকে তার, প্রেমমূঢ় পরুষের মতন আহ্বানে
পৃথিবীর কত প্রেম শেষ হ'ল- তবু এই সমুদ্রের আকাঙ্ক্ষার গানে
বাধা নাই, ভয় নাই, ক্লান্তি নাই, অশ্রু নাই-মালাবার ঢেউয়ের ভিতরে
চারিদিকে নীল নারিকেল বন সোনালি ফুলের গন্ধে, বিস্ময়ের ভরে
জানে তাহা-কত দিন থেকে ওই মলয়ালি আর তার শিশু তাহা জানে

জানি না মান্দ্রাজ নাকি এই দেশ? জানি না মলয় নাকি? কিংবা মালাবার?
জানি না এ পৃথিবীর কোন্ পথ- কোন ভাষা কোন্ মুখে এখানে বাতাসে
জানি না যৌবন কবে শেষ হয়ে গেছে কোন্ পৃথিবীর ধুলোতে আমার
তবুও আমার প্রাণ তামিলের কিশোরের মতো ওই কিশোরীর পাশে
আবার নতুন জন্ম পায় আজ; কেউ নাই অন্ধকারে কবেকার ঘাসে
কত যে মউরি খই ঝ'রে গেছে-চারিদিকে ফুটে সব উঠিছে আবার।

তোমরা স্বপ্নের হাতে

তোমরা স্বপ্নের হাতে ধরা দাও-আকাশের রৌদ্র ধুলো ধোঁয়া থেকে স'রে
এইখানে চ'লে এসো; পৃথিবীর পথে আমি বহুদিন তোমার কথা
শুনিয়াছি- তোমাদের ম্লান মুখ দেখিয়াছি-তোমাদের ক্লান্ত রক্তাক্ততা
দেখিয়াছি কত দিন-ব্যথিত ধানের মতো বুক থেকে পড়িতেছে ঝরে
তোমাদের আশা শান্তি, ম্লান মেঘে সোনালি চিলের মতো কলরব ক'রে
মিছে কেন ফেরো, আহা,-পৃথিবীর পথ থেকে হে বিষণ্ন, হে ক্লান্ত জনতা
তোমরা স্বপ্নের ঘরে চ'লে এসো- এখানে মুছিয়া যাবে হৃদয়ের ব্যথা
সন্ধ্যার বকের মতো চ'লে এসো ধূসর স্তনের মতো [শান্ত পথ ধরে]

চারিদিকে রাত্রিদিন কলরব ক'রে যায় দাঁড়কাক বাদুড়ের মতো
পৃথিবীর পথে ওই- সেখানে কি ক'রে তবে শান্তি পাবে মানুষ বলো তো?
এখানে গোধূলি নষ্ট হয় নাকো কোনদিন;-কয়লার মতো রং-ম্লান
পশ্চিমের মেঘে ওই লেগে আছে চিরদিন; কড়ির মতন শাদা করুণ উঠান
প'ড়ে আছে চিরকাল; গোধূলি নদীর জলে রূপসীর মতো তার মুখখানা দেখে
ধীরে-ধীরে-আরো ধীরে শান্তি ঝরে, স্বপ্ন ঝরে আকাশের থেকে।

গুবরে ফড়িং শুধু

গুবরে ফড়িং শুধু উড়ে যায় আজ এই সন্ধ্যার বাতাসে
খড়কুটা ঝরে শুধু শালিখেল মুখ থেকে চুপে
আবার শালিখ, আহা, খড়গুলো কুড়ায় নিশ্চুপে।
সন্ধ্যার লাল শিরা মৃদু চোখে ঘরে ফিরে আসে
ঘুঘুর নরম ডাকে- নীরব আকাশে
নক্ষত্রেরা শান্তি পায়- পউষের কুয়াশায় ধূপে
পুঁয়ের সবুজ রাঙা লতা আছে ডুবে।
এ কোমল স্নিগ্ধ হিম সান্ত্বনার মাসে

চোখে তার শান্তি শুধু- লাল লাল ফলে বুক আছে দেখ ভ'রে।
গুবরে ফড়িং কই উড়ে যায় আজ এ সিন্ধ্যার বাতাসে
খড়কুটা ঝরে শুধু শালিখের মুখ থেকে চুপে
আবার শালিখ ওই খড়গুলো কুড়ায় নিশ্চুপে।
সন্ধ্যার লাল শিরা মৃদু চোখে ঘরে ফিরে আসে
তবুও তোমারে আমি কোনোদিন পাবো নাকো অসীম আকাশে।

অনন্ত জীবন যদি

অনন্ত জীবন যদি পাই আমি- তাহ'লে অনন্তকাল একা
পৃথিবীর পথে আমি ফিরি যদি দেখিব সবুজ ঘাস
ফুটে ওঠে- দেখিব হলুদ ঘাস ঝরে যায়- দেখিব আকাশ
শাদা হয়ে ওঠে ভোরে-ছেঁড়া মুনিয়ার মতো রাঙা রক্ত-রেখা
লেগে থাকে বুকে তার সন্ধ্যায়- বারবার নক্ষত্রের দেখা
পাব আমি; দেখিব অচেনা নারী আলগা খোঁপার ফাঁস
খুলে ফেলে চ'লে যায়-মুখে তার নাই আহা গোধূলির নরম আভাস।

অনন্ত জীবন যদি পাই আমি-তাহ'লে অসীমকাল একা
পৃথিবীর পথে যদি ফিরি আমি- ট্রাম বাস ধুলো
দেখিব অনেক আমি- দেখিব অনেকগুলো
বস্তি, হাট-এঁদো গলি, ভাঙা কলকী হাঁড়ি
মারামারি, গালাগালি, ট্যারা চোখ পচা চিংড়ি-কত কি দেখিব নাহি লেখা
তবুও তোমার সাথে অনন্তকালেও আর হবে নাকো দেখা।

ঘরের ভিতর দীপ

ঘরের ভিতর দীপ জ্বলে ওঠে- ধীরে ধীরে বৃষ্টি ক্ষান্ত হয় সন্ধ্যায়
যখন ঘরের দীপ জ্বলে ওঠে সন্ধ্যায়- ধীরে ধীরে বৃষ্টি ক্ষান্ত হয়
ভিজে চালে ডুমুরের পাতা ঝরে-শালিক বসিয়ে থাকে মুহূর্ত সময়
জানালার কাছে এসে, ভিজে জানালার কাছে-মৌমাছি বহুক্ষণ মৃদু গুমরায়
এইসব ভালো লাগে; এইসব ম্লান গন্ধ মৃদু স্বাদ চায়
পৃথিবীর পথে ঘুরে আমার হৃদয়
ডুমুরের পাতা ঝরে ভিজে চালে-ধীরে ধীরে বৃষ্টি ক্ষান্ত হয়
মলিন শাড়ির ঘ্রাণ ধূপ হাতে দুয়ারে দাঁড়ায়।

এইসব ভালোবাসি- জীবনের পথে ঘুরে এইসব ভালোবাসে আমার হৃদয়
ঘরে আলো, বৃষ্টি ক্ষান্ত হ'ল সন্ধ্যায়
ঘরের নরম দীপ জ্বলে ওঠে, ধীরে ধীরে বৃষ্টি ক্ষান্ত হয়
ভিজে চালে কদমের পাতা ঝরে-শালিখ বসিয়া থাকে মুহূর্ত সময়
মলিন শাড়ির ঘ্রাণ ধূপ হাতে দুয়ারে দাঁড়ায়
মৃদু আরো মৃদু হয়ে অবিরল বাতাসে হারায়।

****